Révérend Cedric BEKONO

Transformé par les difficultés

Révérend Cedric BEKONO

Transformé par les difficultés

Découvrez comment les difficultés peuvent devenir des opportunités de croissance et de transformation

Éditions Croix du Salut

Imprint

Cover image: www.ingimage.com

Publisher:
Éditions Croix du Salut
is a trademark of
Dodo Books Indian Ocean Ltd. and OmniScriptum S.R.L publishing group

120 High Road, East Finchley, London, N2 9ED, United Kingdom
Str. Armeneasca 28/1, office 1, Chisinau MD-2012, Republic of Moldova, Europe
Managing Directors: Ieva Konstantinova, Victoria Ursu
info@omniscriptum.com

Printed at: see last page
ISBN: 978-613-7-36409-3

Sommaire

Introduction

Les difficultés sont une partie inévitable de la vie. Nous tous, nous traversons des moments de douleur, de peur, de doute et de désespoir.

Mais qu'est-ce que cela signifie pour nous, en tant que chrétiens ? Comment pouvons-nous trouver la force et la motivation pour surmonter les obstacles qui se dressent sur notre chemin ?

Dans ce livre, nous allons explorer la thématique de la transformation à travers les difficultés.

Nous allons voir comment Dieu utilise les épreuves de la vie pour développer notre caractère, pour nous rendre plus forts et plus résilients.

Nous allons découvrir que les difficultés ne sont pas des obstacles à éviter, mais des opportunités à saisir pour grandir et pour devenir plus semblables à Christ.

Comme l'écrit l'apôtre Paul dans 2 Corinthiens 4:17, "Car notre légère et momentanée tribulation produit en nous une gloire éternelle et excessive.

C'est cette gloire éternelle que nous allons explorer dans les pages suivantes, en découvrant comment les difficultés peuvent devenir des instruments de transformation et de croissance spirituelle.

Je vous invite à me suivre dans ce voyage de découverte, pour explorer ensemble comment les difficultés peuvent devenir des opportunités de transformation et de croissance. Que Dieu nous guide et nous inspire dans cette aventure !

Chapitre 1 : Les épreuves de la vie, une réalité inévitable

La vie est faite de hauts et de bas.

Nous tous, nous traversons des moments de joie et de bonheur, mais également des moments de douleur et de souffrance.

Les épreuves de la vie sont une réalité inévitable, et nous ne pouvons pas les éviter.

Mais pourquoi Dieu permet-il les épreuves dans notre vie ? N'est-Il pas tout-puissant et capable de nous protéger de tout mal ?

La Bible nous donne des réponses à ces questions.

Dans le livre de Job, nous voyons comment Job, un homme juste et pieux, est frappé par une série de catastrophes qui lui enlèvent tout ce qu'il possède.

Mais malgré sa souffrance, Job refuse de renoncer à sa foi en Dieu.

Dans le livre des Psaumes, nous voyons comment le psalmiste David exprime sa confiance en Dieu malgré les épreuves qu'il traverse.

Il écrit : "Dieu est notre refuge et notre force, un secours toujours prêt dans les temps de détresse." (Psaume 46:1)

Ces exemples bibliques nous montrent que les épreuves de la vie sont une opportunité pour nous de grandir dans notre foi et de nous rapprocher de Dieu.

Mais comment pouvons-nous faire face à ces épreuves de manière à ce qu'elles nous aident à grandir spirituellement ?

C'est ce que nous allons explorer dans les chapitres suivants.

Mais pour l'instant, prenons un moment pour réfléchir à nos propres épreuves.

Quelles sont les difficultés que vous traversez actuellement ?

Comment Dieu peut-Il vous aider à les surmonter ?

Chapitre 2 : Comment Dieu utilise les difficultés pour développer notre caractère

Dieu utilise les difficultés pour développer notre caractère et nous rendre plus semblables à Christ.

Mais comment cela fonctionne-t-il ?

Dans la Bible, nous voyons comment Dieu utilise les épreuves pour développer la foi, la persévérance et la patience de Ses enfants.

Nous voyons comment les patriarches de la foi, tels qu'Abraham, Jacob et Joseph, ont été éprouvés et purifiés par les difficultés.

Mais Dieu ne nous éprouve pas pour nous détruire, mais pour nous rendre plus forts et plus résilients.

Comme l'écrit l'apôtre Paul : "Nous savons que toutes choses concourent au bien de ceux qui aiment Dieu." (Romains 8:28)

Dans ce chapitre, nous allons explorer comment Dieu utilise les difficultés pour développer notre caractère et nous rendre plus semblables à Christ.

Nous allons voir comment les épreuves peuvent nous aider à développer la foi, la persévérance et la patience, et comment elles peuvent nous rendre plus forts et plus résilients.

Chapitre 3 : Comment appliquer les principes de la persévérance et de la patience dans notre vie quotidienne

Maintenant que nous avons compris comment Dieu utilise les difficultés pour développer notre caractère, comment pouvons-nous appliquer ces principes dans notre vie quotidienne ?

Tout d'abord, nous devons apprendre à voir les difficultés comme des opportunités pour grandir et pour développer notre foi.

Cela signifie que nous devons changer notre perspective et voir les choses de la manière de Dieu.

Par exemple, imaginez que vous avez perdu votre emploi et que vous êtes en train de chercher un nouveau travail.

Au lieu de vous laisser aller à la dépression et au désespoir, vous pouvez choisir de voir cette situation comme une opportunité pour grandir et pour développer votre foi.

Vous pouvez demander à Dieu de vous donner la force et la direction pour trouver un nouveau travail et pour réussir dans votre carrière.

Deuxièmement, nous devons apprendre à persévérer et à patienter dans les difficultés.

Cela signifie que nous devons être prêts à attendre la réalisation des promesses de Dieu et à ne pas abandonner même lorsque les choses semblent impossibles.

Par exemple, imaginez que vous êtes en train de traverser une période de sécheresse spirituelle et que vous vous sentez loin de Dieu.

Au lieu de vous laisser aller à la dépression et au désespoir, vous pouvez choisir de persévérer et de patienter.

Vous pouvez demander à Dieu de vous donner la force et la direction pour retrouver votre relation avec Lui et pour grandir dans votre foi.

Enfin, nous devons apprendre à nous fier à Dieu et à attendre Sa providence.

Cela signifie que nous devons être prêts à lâcher prise et à laisser Dieu agir dans notre vie.

Par exemple, imaginez que vous êtes en train de traverser une période de difficultés financières et que vous vous sentez incapable de payer vos factures.

Au lieu de vous laisser aller à la dépression et au désespoir, vous pouvez choisir de vous fier à Dieu et d'attendre Sa providence.

Vous pouvez demander à Dieu de vous donner la force et la direction pour trouver une solution à vos problèmes financiers et pour réussir dans votre vie.

Chapitre 4 : La puissance de la prière dans les difficultés.

La prière est un outil puissant que Dieu nous a donné pour nous aider à traverser les difficultés.

Lorsque nous prions, nous nous connectons avec Dieu et nous lui demandons de nous aider à surmonter les obstacles qui se dressent sur notre chemin.

Un exemple biblique de la puissance de la prière dans les difficultés est celui de Daniel.

Lorsque Daniel a été jeté dans la fosse aux lions, il a prié à Dieu et a demandé Son secours.

Dieu a entendu la prière de Daniel et a envoyé un ange pour fermer la gueule des lions et le sauver. (Daniel 6:16-24)

Un autre exemple est celui de l'apôtre Pierre, qui a été emprisonnée par le roi Hérode.

Les disciples de Jésus ont prié sans cesse pour sa libération, et Dieu a entendu leur prière et a envoyé un ange pour le libérer de la prison. (Actes 12:1-17)

Ces exemples nous montrent que la prière est un outil puissant qui peut nous aider à surmonter les difficultés et à réaliser des miracles.

Lorsque nous prions, nous nous connectons avec Dieu et nous lui demandons de nous aider à réaliser Ses promesses.

Notons quelques conseils pour prier efficacement dans les difficultés :

- Soyez honnête et ouvert avec Dieu dans vos prières.

- Demandez à Dieu de vous donner la force et la direction pour surmonter les obstacles.

- Demandez à Dieu de vous donner la paix et la tranquillité qui dépassent toute compréhension.

- Demandez à Dieu de vous donner la foi et la confiance pour croire en Ses promesses et pour les réaliser dans votre vie.

Chapitre 5 : La persévérance et la confiance en Dieu dans les difficultés.

La persévérance et la confiance en Dieu sont deux éléments essentiels pour surmonter les difficultés.

Lorsque nous sommes confrontés à des obstacles, il est facile de perdre espoir et de se laisser aller à la dépression et au désespoir.

Mais la Bible nous enseigne que nous devons persévérer et avoir confiance en Dieu, même dans les difficultés.

Comme l'écrit l'apôtre Paul : "Nous nous réjouissons dans l'espérance de la gloire de Dieu.

Et non seulement dans l'espérance, mais encore dans la tribulation, car nous savons que la tribulation produit la persévérance, et la persévérance la probation, et la probation l'espérance." (Romains 5:2-4)

Un exemple biblique de persévérance et de confiance en Dieu est celui de Job.

Lorsque Job a perdu tout ce qu'il possédait, y compris sa famille et sa santé, il a pu dire : "Je sais que mon Rédempteur vit, et qu'il se lèvera à la fin sur la poussière." (Job 19:25)

Un autre exemple est celui de l'apôtre Paul, qui a été emprisonné et persécuté pour avoir prêché l'Évangile.

Mais même dans la prison, Paul a pu écrire : "Je suis convaincu que rien ne peut séparer de l'amour de Dieu en Jésus-Christ notre Seigneur." (Romains 8:38-39)

Ces exemples nous montrent que la persévérance et la confiance en Dieu sont possibles, même dans les difficultés. Lorsque nous choisissons de persévérer et de avoir confiance en Dieu, nous pouvons surmonter les obstacles et réaliser des miracles.

Notons quelques conseils pour persévérer et avoir confiance en Dieu dans les difficultés :

- Choisissez de vous fier à Dieu et à Ses promesses.

- Persévérez dans la prière et dans la lecture de la Bible.

- Entourez-vous de personnes qui vous encouragent et vous soutiennent.

- Concentrez-vous sur les choses positives et sur les promesses de Dieu.

Chapitre 6 : La paix et la joie en dépit des difficultés.

La paix et la joie sont deux éléments essentiels pour vivre une vie heureuse et épanouie.

Mais comment pouvons-nous trouver la paix et la joie en dépit des difficultés ?

La Bible nous enseigne que la paix et la joie viennent de Dieu et qu'elles sont disponibles pour nous, même dans les difficultés.

Comme l'écrit l'apôtre Paul : "La paix de Dieu, qui dépasse toute intelligence, gardera vos cœurs et vos pensées en Jésus-Christ." (Philippiens 4:7)

Notons quelques conseils pour trouver la paix et la joie en dépit des difficultés :

1. Concentrez-vous sur les promesses de Dieu : Lorsque vous êtes confronté à des difficultés, il est facile de se laisser aller à la peur et à l'anxiété.

Mais la Bible nous enseigne que Dieu est toujours avec nous et qu'Il nous a promis de nous donner la paix et la joie. Concentrez-vous sur les promesses de Dieu et non sur les difficultés.

Exemple : Lorsque vous êtes confronté à une situation difficile, prenez un moment pour lire la Bible et pour vous concentrer sur les promesses de Dieu.

Vous pouvez lire des passages tels que Philippiens 4:6-7, Romains 8:28 ou Isaïe 41:10.

2. Choisissez de vous fier à Dieu : Lorsque vous êtes confronté à des difficultés, il est facile de se laisser aller à la peur et à l'anxiété.

Mais la Bible nous enseigne que Dieu est toujours avec nous et qu'Il nous a promis de nous donner la paix et la joie. Choisissez de vous fier à Dieu et à Ses plans pour votre vie.

Exemple : Lorsque vous êtes confronté à une situation difficile, prenez un moment pour prier et pour demander à Dieu de vous donner la force et la direction pour surmonter les obstacles. Vous pouvez prier en disant : "Dieu, je me fie à Toi et à Tes plans pour ma vie.

Je sais que Tu es toujours avec moi et que Tu me donneras la paix et la joie. Aide-moi à surmonter les obstacles et à réaliser Tes plans pour ma vie."

3. Pratiquez la gratitude et la louange : Lorsque vous êtes confronté à des difficultés, il est facile de se laisser aller à la peur et à l'anxiété.

Mais la Bible nous enseigne que la gratitude et la louange peuvent nous aider à trouver la paix et la joie.

Pratiquez la gratitude et la louange pour tout ce que Dieu a fait pour vous.

Exemple : Lorsque vous êtes confronté à une situation difficile, prenez un moment pour réfléchir à tout ce que Dieu a fait pour vous.

Vous pouvez faire une liste de choses pour lesquelles vous êtes reconnaissant, telles que votre famille, vos amis, votre santé, etc.

Vous pouvez également prendre un moment pour louer Dieu et pour lui dire merci pour tout ce qu'Il a fait pour vous.

4. Entourez-vous de personnes qui vous encouragent et vous soutiennent : Lorsque vous êtes confronté à des difficultés, il est facile de se laisser aller à la peur et à l'anxiété.

Mais la Bible nous enseigne que les personnes qui nous entourent peuvent nous aider à trouver la paix et la joie. Entourez-vous de personnes qui vous encouragent et vous soutiennent.

Exemple : Lorsque vous êtes confronté à une situation difficile, prenez un moment pour appeler un ami ou un membre de votre famille pour leur demander de vous soutenir et de vous encourager.

Vous pouvez également prendre un moment pour rejoindre un groupe de personnes qui partagent vos mêmes valeurs et vos mêmes croyances.

Chapitre 7 : La victoire sur les difficultés

La victoire sur les difficultés est possible grâce à la puissance de Dieu.

Lorsque nous sommes confrontés à des obstacles, nous pouvons choisir de nous fier à Dieu et à Ses promesses.

La Bible nous enseigne que Dieu est toujours avec nous et qu'Il nous donne la force et la direction pour surmonter les difficultés.

Comme l'écrit l'apôtre Paul : "Je peux tout en Celui qui me fortifie." (Philippiens 4:13)

Un exemple biblique de victoire sur les difficultés est celui de David et de Goliath.

Lorsque David a été confronté au géant Goliath, il a choisi de se fier à Dieu et à Ses promesses.

Il a dit : "Tu viens à moi avec une épée, une lance et un javelot, mais moi, je viens à toi au nom de l'Éternel des armées." (1 Samuel 17:45-47)

David a ensuite vaincu Goliath grâce à la puissance de Dieu.

Cet exemple nous montre que la victoire sur les difficultés est possible lorsque nous nous fions à Dieu et à Ses promesses.

Notons quelques conseils pour obtenir la victoire sur les difficultés :

1. Se fier à Dieu et à Ses promesses : Lorsque vous êtes confronté à des obstacles, choisissez de vous fier à Dieu et à Ses promesses.

2. Demander la force et la direction de Dieu : Demandez à Dieu de vous donner la force et la direction pour surmonter les difficultés.

3. Se concentrer sur les choses positives: Se concentrer sur les choses positives et non sur les difficultés.

4. Persévérer et ne pas abandonner: Persévérer et ne pas abandonner, même lorsque les choses semblent impossibles.

Chapitre 8 : La persévérance et la patience dans les difficultés

La persévérance et la patience sont deux éléments essentiels pour surmonter les difficultés.

Lorsque nous sommes confrontés à des obstacles, il est facile de se laisser aller à la frustration et à la déception.

Mais la Bible nous enseigne que la persévérance et la patience sont des vertus qui nous aident à surmonter les difficultés et à réaliser nos objectifs.

Comme l'écrit l'apôtre Jacques : "Soyez patients, donc, frères, jusqu'à la venue du Seigneur.

Voyez comment le fermier attend avec patience le précieux fruit de la terre, jusqu'à ce qu'il ait reçu les premières et les dernières pluies." (Jacques 5:7-8)

Un exemple biblique de persévérance et de patience est celui de Joseph.

Lorsque Joseph a été vendu comme esclave par ses frères, il a pu choisir de se laisser aller à la frustration et à la déception.

Mais au lieu de cela, il a choisi de persévérer et de patienter, en attendant que Dieu réalise Ses plans pour sa vie.

Finalement, Joseph a été élevé au rang de premier ministre d'Égypte, et il a pu aider son peuple à survivre à la famine.

Cet exemple nous montre que la persévérance et la patience peuvent nous aider à surmonter les difficultés et à réaliser nos objectifs.

Notons quelques conseils pour pratiquer la persévérance et la patience dans les difficultés :

1. Se concentrer sur les objectifs à long terme: Se concentrer sur les objectifs à long terme et non sur les difficultés immédiates.

2. Prendre les choses une étape à la fois : Prendre les choses une étape à la fois et ne pas se laisser submerger par les difficultés.

3. Demander la force et la direction de Dieu : Demander à Dieu de vous donner la force et la direction pour surmonter les difficultés.

4. Se souvenir que Dieu est toujours avec vous : Se souvenir que Dieu est toujours avec vous et qu'Il vous aidera à surmonter les difficultés.

Chapitre 9 : La gratitude et la louange dans les difficultés.

La gratitude et la louange sont deux éléments essentiels pour maintenir une attitude positive et une foi solide dans les difficultés.

Lorsque nous sommes confrontés à des obstacles, il est facile de se laisser aller à la négativité et à la déception.

Mais la Bible nous enseigne que la gratitude et la louange peuvent nous aider à surmonter les difficultés et à maintenir une attitude positive.

Comme l'écrit le psalmiste : "Je te louerai, Seigneur, de tout mon cœur ; je raconterai toutes tes merveilles." (Psaume 9:1)

Un exemple biblique de gratitude et de louange dans les difficultés est celui de Paul et de Silas.

Lorsqu'ils ont été emprisonnés et battus pour avoir prêché l'Évangile, ils ont choisi de louer Dieu et de lui rendre grâce, même dans les difficultés. (Actes 16:22-25)

Cet exemple nous montre que la gratitude et la louange peuvent nous aider à surmonter les difficultés et à maintenir une attitude positive.

Notons quelques conseils pour pratiquer la gratitude et la louange dans les difficultés :

1. Prendre le temps de réfléchir aux choses pour lesquelles vous êtes reconnaissant : Prendre le temps de réfléchir aux choses pour lesquelles vous êtes reconnaissant, même dans les difficultés.

2. Louer Dieu pour Ses bienfaits: Louer Dieu pour Ses bienfaits et pour Ses promesses.

3. Demander à Dieu de vous donner la gratitude et la louange: Demander à Dieu de vous donner la gratitude et la louange, même dans les difficultés.

4. Partager votre gratitude et votre louange avec les autres : Partager votre gratitude et votre louange avec les autres, pour les encourager et les motiver.

CHAPITRE 10 : Les difficultés, un catalyseur de croissance

Les difficultés font partie de la vie, mais elles ne sont pas nécessairement des obstacles à la croissance. En fait, elles peuvent être des opportunités pour apprendre, grandir et nous développer. Dans ce chapitre, nous allons explorer comment les difficultés peuvent nous aider à devenir des personnes plus fortes, plus résilientes et plus sages.

Réflexions :

- La résilience : Les difficultés nous obligent à développer notre résilience, c'est-à-dire notre capacité à faire face aux défis et à nous adapter aux situations difficiles. Cela peut nous aider à devenir plus confiants et plus capables de gérer les situations difficiles.

- L'apprentissage: Les difficultés nous donnent l'occasion d'apprendre de nouvelles choses, de développer de nouvelles compétences et de nous améliorer. Cela peut nous aider à devenir des personnes plus compétentes et plus efficaces.

- La perspective : Les difficultés nous obligent à réfléchir à nos priorités et à nos valeurs. Cela peut nous aider à clarifier nos objectifs et à nous concentrer sur ce qui est vraiment important pour nous.

- L'empathie : Les difficultés nous donnent l'occasion de développer notre empathie et notre compassion envers les autres. Cela peut nous aider à devenir des personnes plus ouvertes et plus généreuses.

Exemples :

- Imaginez que vous avez perdu votre emploi. Cela peut être une difficulté, mais cela peut également être une opportunité pour vous de réfléchir à vos priorités et à vos valeurs, et de trouver un nouveau chemin qui vous convient mieux.

- Imaginez que vous avez eu un accident de voiture. Cela peut être une difficulté, mais cela peut également être une opportunité pour vous de développer votre résilience et votre capacité à faire face aux défis.

Questions pour réfléchir :

- Quelles sont les difficultés que vous avez rencontrées dans votre vie ?

- Comment avez-vous réagi à ces difficultés ?

- Qu'est-ce que vous avez appris de ces expériences ?

- Comment pouvez-vous appliquer ces leçons à votre vie actuelle ?

Conseils pratiques :

- Prenez le temps de réfléchir à vos priorités et à vos valeurs.

- Développez votre résilience en faisant face aux défis et en apprenant de vos erreurs.

- Cultivez l'empathie et la compassion envers les autres.

- Cherchez des opportunités pour apprendre et grandir dans les difficultés.

CHAPITRE 11 : Comment trouver la paix dans les tempêtes

Les tempêtes de la vie sont inévitables, mais cela ne signifie pas que nous devons nous laisser emporter par elles. Dans ce chapitre, nous allons explorer comment trouver la paix dans les tempêtes, même lorsque tout semble perdu.

Section 1 : La paix intérieure

La paix intérieure est le fondement de la paix dans les tempêtes. Lorsque nous avons la paix intérieure, nous sommes mieux équipés pour faire face aux défis de la vie. Voici quelques façons de trouver la paix intérieure :

- Méditation sur la parole de Dieu : La méditation sur la parole de Dieu est un moyen puissant de trouver la paix intérieure. En méditant sur les Écritures, nous pouvons trouver la paix et la consolation dans les moments difficiles.

- La prière : La prière est un autre moyen de trouver la paix intérieure. En priant, nous pouvons nous connecter avec Dieu et trouver la paix et la tranquillité dans les moments difficiles.

- La gratitude: La gratitude est également un moyen de trouver la paix intérieure. En nous concentrant sur les choses pour lesquelles nous sommes reconnaissants, nous pouvons trouver la paix et la joie dans les moments difficiles.

Section 2 : Les stratégies pour faire face aux tempêtes

Les tempêtes de la vie peuvent être difficiles à gérer, mais il existe des stratégies qui peuvent nous aider à faire face. Voici quelques-unes de ces stratégies :

- Identifier les sources de stress et de peur : Il est important de identifier les sources de stress et de peur dans notre vie. En comprenant ce qui nous stresse et nous fait peur, nous pouvons développer des stratégies pour gérer ces émotions.

- Gérer le stress et la peur: Il existe plusieurs façons de gérer le stress et la peur. La méditation, la prière, l'exercice physique et la conversation avec des amis ou des membres de la famille peuvent tous être utiles pour gérer le stress et la peur.

- Trouver du soutien : Il est important de trouver du soutien dans les moments difficiles. Les amis, les membres de la famille, les conseillers ou les groupes de soutien peuvent tous être utiles pour trouver du soutien.

Section 3 : La paix dans l'action

La paix dans l'action est importante pour trouver la paix dans les tempêtes. Lorsque nous sommes actifs et que nous travaillons pour atteindre nos objectifs, nous pouvons trouver la paix et la satisfaction. Voici quelques façons de trouver la paix dans l'action :

- Prendre des décisions éclairées : Il est important de prendre des décisions éclairées dans les moments difficiles. En prenant le temps de réfléchir et de prier, nous pouvons prendre des décisions qui nous aideront à trouver la paix et à atteindre nos objectifs.

- Agir avec confiance : Il est important d'agir avec confiance dans les moments difficiles. En ayant confiance en Dieu et en nos capacités, nous pouvons agir avec courage et trouver la paix dans l'action.

- Servir les autres : Servir les autres est un moyen de trouver la paix dans l'action. En nous concentrant sur les besoins des autres, nous pouvons trouver la paix et la satisfaction dans les moments difficiles.

La paix dans les tempêtes est possible, mais cela nécessite une décision délibérée de chercher la paix et de la cultiver. En méditant sur la parole de Dieu, en priant, en trouvant du soutien et en agissant avec confiance, nous pouvons trouver la paix dans les moments difficiles.

CHAPITRE 12: La joie dans les épreuves

Les épreuves de la vie peuvent être difficiles à gérer, mais elles ne doivent pas nous empêcher de trouver la joie. Dans ce chapitre, nous allons explorer comment trouver la joie dans les épreuves et comment les surmonter avec confiance et espérance.

Section 1 : La joie dans les épreuves, est-ce possible ?

La joie dans les épreuves peut sembler contradictoire, mais c'est pourtant possible. Les épreuves peuvent être des moments difficiles, mais elles peuvent également être des opportunités pour grandir et se développer.

- Comment les épreuves peuvent-elles nous aider à grandir et à nous développer ?

Les épreuves peuvent nous aider à grandir et à nous développer en nous forçant à sortir de notre zone de confort. Elles peuvent nous obliger à réfléchir à nos priorités et à nos valeurs, et à prendre des décisions difficiles. Les épreuves peuvent également nous aider à développer notre résilience et notre capacité à faire face aux défis.

- Comment la joie peut-elle être présente dans les moments difficiles ?

La joie peut être présente dans les moments difficiles lorsque nous choisissons de nous concentrer sur les choses positives. Nous pouvons trouver la joie dans les petites choses, comme un beau coucher de soleil ou un bon repas. Nous pouvons également trouver la joie dans les relations que nous avons avec les autres, comme les amis et la famille.

- Quels sont les avantages de trouver la joie dans les épreuves ?

Les avantages de trouver la joie dans les épreuves sont nombreux. La joie peut nous aider à rester positifs et à garder l'espoir, même dans les moments difficiles. La joie peut également nous aider à développer notre résilience et notre capacité à faire face aux défis. Enfin, la joie peut nous aider à trouver du sens et du but dans les épreuves.

Section 2 : Les clés pour trouver la joie dans les épreuves

Il existe plusieurs clés pour trouver la joie dans les épreuves. Voici quelques-unes d'entre elles :

- Comment cultiver une attitude positive et optimiste ?

Cultiver une attitude positive et optimiste est essentiel pour trouver la joie dans les épreuves. Nous pouvons faire cela en nous concentrant sur les choses positives, en pratiquant la gratitude et en entourant nous de personnes positives.

- Comment trouver du sens et du but dans les épreuves ?

Trouver du sens et du but dans les épreuves peut nous aider à trouver la joie. Nous pouvons faire cela en réfléchissant à nos valeurs et à nos priorités, et en cherchant à comprendre comment les épreuves peuvent nous aider à grandir et à nous développer.

- Comment pratiquer la gratitude et la reconnaissance ?

Pratiquer la gratitude et la reconnaissance peut nous aider à trouver la joie dans les épreuves. Nous pouvons faire cela en nous concentrant sur les choses pour lesquelles nous sommes reconnaissants, en écrivant dans un journal de gratitude et en exprimant notre gratitude aux autres.

Section 3 : Les exemples bibliques de joie dans les épreuves

La Bible est pleine d'exemples de personnes qui ont trouvé la joie dans les épreuves. Voici quelques-uns de ces exemples :

- L'histoire de Job:

Job est un exemple classique de quelqu'un qui a trouvé la joie dans les épreuves. Malgré avoir perdu tout ce qu'il possédait, y compris sa famille et sa santé, Job a continué à louer Dieu et à trouver la joie dans sa relation avec Lui.

- L'histoire de Paul:

Paul est un autre exemple de quelqu'un qui a trouvé la joie dans les épreuves. Malgré avoir été emprisonné et persécuté pour sa foi, Paul a continué à trouver la joie dans sa relation avec Dieu et à partager cette joie avec les autres.

- L'histoire de Jésus

Jésus est l'exemple ultime de quelqu'un qui a trouvé la joie dans les épreuves. Malgré avoir été crucifié et avoir souffert pour les péchés de l'humanité, Jésus a continué à trouver la joie dans sa relation avec Dieu et à partager cette joie avec les autres.

CHAPITRE 13 : La victoire dans les épreuves

Les épreuves de la vie peuvent être difficiles à gérer, mais elles ne doivent pas nous empêcher de trouver la victoire. Dans ce chapitre, nous allons explorer comment trouver la victoire dans les épreuves et comment surmonter les obstacles qui nous empêchent de réaliser nos rêves.

Section 1 : La victoire dans les épreuves, c'est possible !

La victoire dans les épreuves est possible, mais cela nécessite une compréhension profonde de la nature des épreuves et de la manière dont elles peuvent nous aider à grandir et à nous développer.

- Comment les épreuves peuvent-elles nous aider à grandir et à nous développer ?

Les épreuves peuvent nous aider à grandir et à nous développer en nous forçant à sortir de notre zone de confort et à affronter nos peurs et nos faiblesses. Elles peuvent également nous aider à développer notre résilience et notre capacité à faire face aux défis.

- Quels sont les avantages de trouver la victoire dans les épreuves ?

Les avantages de trouver la victoire dans les épreuves sont nombreux. Nous pouvons développer une plus grande confiance en nous-mêmes et en nos capacités, nous pouvons améliorer nos relations avec les autres et nous pouvons trouver un sens et un but plus profonds dans notre vie.

- Comment peut-on développer une mentalité de victoire ?

Pour développer une mentalité de victoire, nous devons être prêts à changer notre façon de penser et de voir les choses. Nous devons être prêts à affronter nos peurs et nos faiblesses, et à développer une attitude positive et optimiste.

Section 2 : Les clés pour trouver la victoire dans les épreuves

Il existe plusieurs clés pour trouver la victoire dans les épreuves. Voici quelques-unes d'entre elles :

- Comment cultiver une foi solide et une confiance en Dieu ?

Cultiver une foi solide et une confiance en Dieu est essentiel pour trouver la victoire dans les épreuves. Nous pouvons faire cela en lisant la Bible, en priant et en nous entourant de personnes qui partagent notre foi.

- Comment développer une attitude positive et optimiste ?

Développer une attitude positive et optimiste est également important pour trouver la victoire dans les épreuves. Nous pouvons faire cela en nous concentrant sur les choses positives, en pratiquant la gratitude et en entourant nous de personnes positives.

- Comment trouver du soutien et de l'encouragement dans les moments difficiles ?

Trouver du soutien et de l'encouragement dans les moments difficiles est crucial pour trouver la victoire dans les épreuves. Nous pouvons faire cela en nous entourant de personnes qui nous aiment et nous soutiennent, en rejoignant un groupe de soutien et en cherchant de l'aide professionnelle si nécessaire.

Section 3 : Les exemples bibliques de victoire dans les épreuves

La Bible est pleine d'exemples de personnes qui ont trouvé la victoire dans les épreuves. Voici quelques-uns de ces exemples :

- L'histoire de David et Goliath

David et Goliath est un exemple classique de victoire dans les épreuves. Malgré être plus petit et moins armé que Goliath, David a trouvé la victoire en s'appuyant sur sa foi en Dieu.

- L'histoire de Daniel dans la fosse aux lions

Daniel dans la fosse aux lions est un autre exemple de victoire dans les épreuves. Malgré être jeté dans une fosse aux lions, Daniel a trouvé la victoire en s'appuyant sur sa foi en Dieu.

- L'histoire de Jésus et de sa résurrection

Jésus et sa résurrection est l'exemple ultime de victoire dans les épreuves. Malgré avoir été crucifié et avoir souffert pour les péchés de l'humanité, Jésus a trouvé la victoire en ressuscitant d'entre les morts.

La victoire dans les épreuves est possible, mais cela nécessite une décision délibérée de chercher la victoire et de la cultiver. En développant une mentalité de victoire, en cultivant une foi solide et une confiance en Dieu, et en trouvant du soutien et de l'encouragement, nous pouvons surmonter les obstacles et réaliser nos rêves.

CHAPITRE 14 : La transformation par les difficultés

Les difficultés sont une partie inévitable de la vie, mais elles ne doivent pas nous empêcher de nous transformer et de devenir des personnes plus fortes et plus résilientes. Dans ce chapitre, nous allons explorer comment les difficultés peuvent nous aider à nous transformer et à atteindre notre plein potentiel.

Section 1 : La transformation par les difficultés, c'est possible !

La transformation par les difficultés est un processus qui nécessite du temps, de l'effort et de la persévérance. Cependant, avec la bonne mentalité et les bonnes stratégies, il est possible de se transformer et de devenir une personne plus forte et plus résiliente.

- Comment les difficultés peuvent-elles nous aider à grandir et à nous développer ?

Les difficultés peuvent nous aider à grandir et à nous développer en nous forçant à sortir de notre zone de confort et à affronter nos peurs et nos faiblesses. Elles peuvent également nous aider à développer notre résilience et notre capacité à faire face aux défis.

- Quels sont les avantages de se transformer par les difficultés ?

Les avantages de se transformer par les difficultés sont nombreux. Nous pouvons développer une plus grande confiance en nous-mêmes et en nos capacités, nous pouvons améliorer nos relations avec les autres et nous pouvons trouver un sens et un but plus profonds dans notre vie.

- Comment peut-on développer une mentalité de transformation ?

Pour développer une mentalité de transformation, nous devons être prêts à changer notre façon de penser et de voir les choses. Nous devons être prêts à affronter nos peurs et nos faiblesses, et à développer une attitude positive et optimiste.

Section 2 : Les clés pour se transformer par les difficultés

Il existe plusieurs clés pour se transformer par les difficultés. Voici quelques-unes d'entre elles :

- Comment cultiver une foi solide et une confiance en Dieu ?

Cultiver une foi solide et une confiance en Dieu est essentiel pour se transformer par les difficultés. Nous pouvons faire cela en lisant la Bible, en priant et en nous entourant de personnes qui partagent notre foi.

- Comment développer une attitude positive et optimiste ?

Développer une attitude positive et optimiste est également important pour se transformer par les difficultés. Nous pouvons faire cela en nous concentrant sur les choses positives, en pratiquant la gratitude et en entourant nous de personnes positives.

- Comment trouver du soutien et de l'encouragement dans les moments difficiles ?

Trouver du soutien et de l'encouragement dans les moments difficiles est crucial pour se transformer par les difficultés. Nous pouvons faire cela en nous entourant de personnes qui nous aiment et nous soutiennent, en rejoignant un groupe de soutien et en cherchant de l'aide professionnelle si nécessaire.

Section 3 : Les exemples bibliques de transformation par les difficultés

La Bible est pleine d'exemples de personnes qui se sont transformées par les difficultés. Voici quelques-uns de ces exemples :

- L'histoire de Job et comment il a été transformé par les difficultés

Job est un exemple classique de quelqu'un qui s'est transformé par les difficultés. Malgré avoir perdu tout ce qu'il possédait, y compris sa famille et sa santé, Job a continué à louer Dieu et à trouver la force dans sa foi.

- L'histoire de Paul et comment il a été transformé par les difficultés

Paul est un autre exemple de quelqu'un qui s'est transformé par les difficultés. Malgré avoir été persécuté et emprisonné pour sa foi, Paul a continué à prêcher l'Evangile et à trouver la force dans sa foi.

CHAPITRE 15 : La puissance de la prière

La prière est un moyen puissant de communiquer avec Dieu et de trouver la force et la guidance dans les moments difficiles. Dans ce chapitre, nous allons explorer la puissance de la prière à travers des exemples concrets de personnes dans la Bible et dans la vie sociale.

Section 1 : La prière dans la Bible

- L'histoire d'Abraham et de sa prière pour Isaac

Abraham est un exemple classique de quelqu'un qui a cru en la puissance de la prière. Lorsque Dieu lui a demandé de sacrifier son fils Isaac, Abraham a prié pour que Dieu lui fournisse un substitut.

- L'histoire de Daniel et de sa prière pour la délivrance

Daniel est un autre exemple de quelqu'un qui a cru en la puissance de la prière. Lorsqu'il a été jeté dans la fosse aux lions, Daniel a prié pour que Dieu le délivre.

- L'histoire de Jésus et de sa prière dans le jardin de Gethsémané

Jésus est l'exemple ultime de quelqu'un qui a cru en la puissance de la prière. Lorsqu'il a été confronté à la croix, Jésus a prié pour que Dieu lui fournisse la force et la courage pour affronter les épreuves qui l'attendaient.

Section 2 : La prière dans la vie sociale

- L'histoire de Billy Graham et de sa prière pour les événements publics

Billy Graham est un exemple de quelqu'un qui a cru en la puissance de la prière dans les événements publics. Avant chaque événement public, Billy Graham priait pour que Dieu lui fournisse la sagesse et la force pour partager l'Evangile avec les gens.

- L'histoire de Mère Teresa et de sa prière pour les pauvres

Mère Teresa est un exemple de quelqu'un qui a cru en la puissance de la prière pour les pauvres. Chaque jour, Mère Teresa priait pour que Dieu lui fournisse la force et la compassion pour servir les pauvres et les marginalisés.

La prière est un moyen puissant de communiquer avec Dieu et de trouver la force et la guidance dans les moments difficiles. À travers les exemples de la Bible et de la vie sociale, nous pouvons voir la puissance de la prière en action.

CHAPITRE 16 : La victoire finale

Nous avons parcouru un long chemin ensemble dans ce livre, explorant les différentes étapes de la transformation spirituelle. Nous avons vu comment la foi, la prière, la recherche de Dieu et la persévérance peuvent nous aider à surmonter les obstacles et à atteindre la victoire finale.

Section 1 : La victoire finale, c'est quoi ?

La victoire finale est une réalité spirituelle qui nous est offerte par Dieu. C'est la victoire sur le péché, la mort et le diable. C'est la victoire qui nous permet de vivre une vie de paix, de joie et de liberté.

- La victoire finale est une réalité spirituelle

La victoire finale est une réalité spirituelle qui nous est offerte par Dieu. C'est une réalité qui transcende les limites de ce monde et nous permet de vivre une vie éternelle avec Dieu.

- La victoire finale est une expérience personnelle

La victoire finale est également une expérience personnelle qui nous transforme et nous renouvelle. C'est l'expérience de la paix, de la joie et de la liberté qui nous permet de vivre une vie pleine de sens et de but.

Section 2 : Comment atteindre la victoire finale ?

La victoire finale est atteinte en suivant les étapes suivantes :

- En acceptant Jésus-Christ comme Sauveur

La première étape pour atteindre la victoire finale est d'accepter Jésus-Christ comme Sauveur. C'est en lui que nous trouvons la victoire sur le péché et la mort. En acceptant Jésus-Christ comme Sauveur, nous sommes pardonnés de nos péchés et nous recevons la vie éternelle.

- En vivant une vie de foi et d'obéissance

La deuxième étape est de vivre une vie de foi et d'obéissance. C'est en suivant les commandements de Dieu et en vivant selon sa parole que nous pouvons atteindre la victoire finale. En vivant une vie de foi et d'obéissance, nous sommes transformés et renouvelés, et nous recevons la force et la sagesse pour vivre une vie pleine de sens et de but.

- En persévérant dans la prière et la recherche de Dieu

La troisième étape est de persévérer dans la prière et la recherche de Dieu. C'est en cherchant Dieu de tout notre cœur et en priant sans cesse que nous pouvons atteindre la victoire finale. En persévérant dans la prière et la recherche de Dieu, nous sommes renforcés et encouragés, et nous recevons la force et la sagesse pour vivre une vie pleine de sens et de but.

La victoire finale est une réalité spirituelle qui nous est offerte par Dieu. En acceptant Jésus-Christ comme Sauveur, en vivant une vie de foi et d'obéissance, et en persévérant dans la prière et la recherche de Dieu, nous pouvons atteindre la victoire finale et vivre une vie de paix, de joie et de liberté. Nous sommes appelés à vivre une vie pleine de sens et de but, et à partager la bonne nouvelle de la victoire finale avec les autres.

CHAPITRE 17 : La nouvelle vie

La victoire finale n'est pas juste une étape, mais un début. Un début d'une nouvelle vie, remplie de paix, de joie et de liberté. Dans ce chapitre, nous allons explorer ce que signifie vivre une nouvelle vie après la victoire finale. Nous allons voir comment la nouvelle vie est caractérisée par une relation profonde avec Dieu, et comment elle nécessite la persévérance et la fidélité.

Section 1 : Les caractéristiques de la nouvelle vie

La nouvelle vie est caractérisée par plusieurs éléments clés :

- La paix intérieure

La paix intérieure est un élément essentiel de la nouvelle vie. C'est une paix qui vient de Dieu et qui nous permet de vivre sans crainte ni anxiété. La paix intérieure nous permet de faire face aux défis de la vie avec confiance et avec la certitude que Dieu est avec nous.

- La joie et la liberté

La joie et la liberté sont également des éléments clés de la nouvelle vie. La joie vient de Dieu et nous permet de vivre avec un cœur léger et libre. La liberté nous permet de vivre sans les chaînes du péché et de la dépendance.

- La relation avec Dieu

La relation avec Dieu est l'élément le plus important de la nouvelle vie. C'est une relation qui nous permet de communiquer avec Dieu et de recevoir sa guidance et son soutien. La relation avec Dieu nous permet de vivre une vie de victoire et de partager la bonne nouvelle avec les autres.

Section 2 : Les défis de la nouvelle vie

La nouvelle vie n'est pas sans défis. Nous devons faire face aux tentations et aux épreuves qui nous entourent. Mais avec la force de Dieu, nous pouvons surmonter ces défis et continuer à vivre une vie de victoire.

- Les tentations:

Les tentations sont des éléments qui nous entourent et qui nous poussent à faire des choix qui ne sont pas conformes à la volonté de Dieu. Mais avec la force de Dieu, nous pouvons résister aux tentations et faire des choix qui sont conformes à la volonté de Dieu.

- Les épreuves:

Les épreuves sont des éléments qui nous testent et qui nous poussent à faire des choix qui ne sont pas conformes à la volonté de Dieu. Mais avec la force de Dieu, nous pouvons surmonter les épreuves et continuer à vivre une vie de victoire.

- La persévérance et la fidélité:

La persévérance et la fidélité sont des éléments essentiels pour vivre une vie de victoire. Nous devons continuer à suivre Dieu et à vivre selon sa parole, même lorsque les choses deviennent difficiles.

La nouvelle vie est une vie de paix, de joie et de liberté. C'est une vie qui est caractérisée par une relation profonde avec Dieu et qui nécessite la persévérance et la fidélité. Mais avec la force de Dieu, nous pouvons vivre cette vie de victoire et partager la bonne nouvelle avec les autres.

CHAPITRE 18 : Prions ensemble

Session 1: prière pour la repentance sincère :

"Dieu tout-puissant, je viens devant toi avec un cœur repentant et contrit. Je reconnais que j'ai péché contre toi et que j'ai besoin de ta miséricorde et de ton pardon.

Je suis désolé pour mes erreurs et mes fautes, et je demande ton pardon pour tout ce que j'ai fait de mal. Je veux tourner le dos à mon passé et commencer une nouvelle vie avec toi.

Je te demande de me nettoyer de mes péchés et de me renouveler par ton Esprit Saint. Je veux être un instrument de ta gloire et de ta volonté, et je suis prêt à suivre tes commandements et à vivre selon ta parole.

Merci, Dieu, pour ton amour et ta miséricorde. Je t'aime et je te suis éternellement."

Session 2: prière de délivrance des chaînes du péché et de la dépendance :

"Dieu tout-puissant, je viens devant toi avec un cœur brisé et contrit. Je reconnais que j'ai été esclave des chaînes du péché et de la dépendance, et que j'ai besoin de ta délivrance.

Je te demande de me libérer des chaînes qui m'empêchent de vivre une vie pleine et libre. Je veux être délivré de la dépendance au péché, de la dépendance aux substances, de la dépendance aux relations toxiques.

Je te demande de me donner la force et la sagesse pour résister aux tentations et aux pièges du diable. Je veux être libre pour servir toi et pour vivre selon ta volonté.

Je renonce à tous les péchés et à toutes les dépendances qui m'ont tenu esclave. Je les remets entre tes mains, et je te demande de les détruire par le feu de ton Esprit Saint.

Je te remercie pour ta délivrance et pour ta liberté. Je suis prêt à vivre une vie nouvelle, une vie libre et pleine de toi.

Au nom de Jésus-Christ, je déclare que je suis libre, que je suis délivré des chaînes du péché et de la dépendance. Je suis un enfant de Dieu, et je vais vivre une vie qui honore ton nom." Amen.

Session 3: Prière de demande de la force pendant les moments difficiles :

"Dieu tout-puissant, je viens devant toi avec un cœur fatigué et affligé. Je suis confronté à des moments difficiles et je sens que je n'ai pas la force de continuer.

Je te demande de me donner la force et la sagesse pour affronter ces défis. Je veux être fort et courageux, non pas en fonction de mes propres forces, mais en fonction de ta puissance et de ta grâce.

Je te demande de me remplir de ton Esprit Saint, qui est la source de toute force et de toute sagesse. Je veux être guidé par ta parole et par ta volonté, et je veux être soutenu par ta présence et ta puissance.

Je sais que tu es mon Rocher, mon Sauveur et mon Réconforteur. Je sais que tu es toujours avec moi, même dans les moments les plus difficiles.

Je te demande de me donner la force de persévérer, de résister et de surmonter les obstacles qui se dressent devant moi. Je veux être un instrument de ta gloire et de ta volonté, même dans les moments les plus difficiles.

Au nom de Jésus-Christ, je déclare que je suis fort et courageux, non pas en fonction de mes propres forces, mais en fonction de ta puissance et de ta grâce. Je suis un enfant de Dieu, et je vais affronter les défis de la vie avec ta force et ta sagesse." Amen

Session 4: Prière de demande de la guidance et de la direction pour suivre les plans de Dieu :

"Dieu tout-puissant, je viens devant toi avec un cœur humble et soumis. Je reconnais que je ne sais pas toujours ce que tu as prévu pour moi, mais je veux suivre tes plans et ta volonté.

Je te demande de me donner la guidance et la direction pour suivre tes plans. Je veux être conduit par ton Esprit Saint, qui est la source de toute sagesse et de toute connaissance.

Je te demande de me montrer la voie à suivre, de me donner la sagesse pour prendre les bonnes décisions, et de me donner la force pour surmonter les obstacles qui se dressent devant moi.

Je sais que tes plans sont toujours meilleurs que les miens, et que tu as une vision plus large et plus profonde que moi. Je veux donc te demander de me donner la foi pour croire en tes plans, et la patience pour attendre ta volonté.

Je te demande également de me donner la discrétion pour distinguer ta voix de celle des autres, et pour reconnaître tes signes et tes marques dans ma vie.

Au nom de Jésus-Christ, je déclare que je suis prêt à suivre tes plans et ta volonté, où que tu me conduises. Je suis un enfant de Dieu, et je vais marcher dans la lumière de ta présence et de ta guidance." Amen

Conclusion

Nous avons vu dans ce livre que les difficultés sont une partie normale de la vie, mais que nous pouvons les surmonter grâce à la puissance de Dieu.

Nous avons vu que la foi, la persévérance, la patience, la gratitude et la louange sont des éléments essentiels pour maintenir une attitude positive et une foi solide dans les difficultés.

Nous avons également vu que Dieu est toujours avec nous, même dans les difficultés, et qu'Il nous donne la force et la direction pour surmonter les obstacles.

Je vous encourage à appliquer les principes que nous avons vus dans ce livre à votre vie quotidienne.

Je vous encourage à avoir foi en Dieu, à persévérer et à patienter, même dans les difficultés. Je vous encourage à pratiquer la gratitude et la louange, même dans les difficultés.

Je vous souhaite de trouver la paix, la joie et la victoire dans les difficultés, grâce à la puissance de Dieu.

Que Dieu vous bénisse et vous garde dans Ses bras.

Printed by Books on Demand GmbH, Norderstedt / Germany